Мобильная безопасность и защита приложений

Как защитить свой смартфон, приложения и сообщения от цифровых злоумышленников

Автор: Joe Correa

Издатель: Live Stronger Faster

Данная книга предназначена исключительно для образовательных и информационных целей. Автор и издатель не предоставляют юридических, финансовых или иных профессиональных консультаций. Перед принятием любых финансовых решений рекомендуется обратиться к квалифицированному специалисту.

Первое издание

Содержание

Введение

В цифровую эпоху ваш смартфон — это уже не просто телефон. Это ваша камера, кошелёк, центр обмена сообщениями, путеводитель, монитор здоровья и точка доступа практически ко всем аспектам вашей личной и профессиональной жизни. Именно поэтому он становится одной из самых привлекательных целей для киберпреступников, сборщиков данных и навязчивых приложений. И хотя большинство людей закрывают входную дверь перед выходом из дома, они редко применяют такой же уровень осведомлённости о безопасности к своему самому используемому устройству.

Эта книга — ваше полное руководство по защите вашей мобильной жизни. Независимо от того, используете ли вы iPhone, Android или планшет, она предлагает понятную и простую в применении систему защиты вашего устройства, приложений и данных — без необходимости быть техническим специалистом. Мы разберём ключевые настройки, функции и инструменты, которые могут значительно снизить вашу уязвимость: от шифрования и разрешений приложений до безопасных сообщений и мобильных VPN.

Мы также раскроем некоторые из самых серьёзных угроз, о которых большинство людей даже не подозревает — такие как поддельные приложения, постепенное расширение разрешений, атаки через Bluetooth, отслеживание местоположения и скрытые риски бесплатных Wi-Fi сетей. Каждая глава наполнена реальными примерами, экспертными советами и актуальными инструментами безопасности, которые вы сможете начать использовать сразу.

К концу этой книги вы поймёте, как происходят мобильные атаки, как распознавать тревожные сигналы и, что самое важное, как их предотвращать. Вы научитесь защищать свои сообщения, сохранять конфиденциальные документы, избегать распространённых ловушек и возвращать контроль над своей цифровой конфиденциальностью.

Независимо от того, являетесь ли вы родителем, путешественником, предпринимателем, фрилансером, студентом или просто человеком, который живёт в движении, эта книга даст вам уверенность и знания, необходимые для защиты вашего цифрового мира — даже в самых подключённых условиях.

Давайте начнём с главы 1: Реальные опасности мобильной киберпреступности — и почему защита вашего смартфона так же важна, как и запирание входной двери.

Глава 1: Реальные угрозы мобильной киберпреступности

Большинство людей носят всю свою жизнь в кармане — но лишь немногие действительно понимают риски, которые с этим связаны. Смартфон стал продолжением человеческого мозга: он хранит наши пароли, личные фотографии, переписки, финансовые приложения, данные о здоровье, историю местоположений и даже биометрические данные, такие как отпечатки пальцев и скан лица. Это делает мобильные устройства самой желанной целью для киберпреступников, похитителей личных данных и цифровых шпионов. Но угроза заключается не только в хакерах, сидящих в тёмной комнате и пишущих код. Более серьёзные опасности часто являются законными, невидимыми и встроенными прямо в приложения, которыми мы пользуемся каждый день.

Начнём с фундаментальной истины: ваш телефон постоянно передаёт данные. Будь то GPS-местоположение, сигналы Bluetooth, запросы Wi-Fi или рекламные идентификаторы — ваше устройство непрерывно взаимодействует с сетями, вышками и другими устройствами поблизости. Этот поток данных может собираться, храниться, анализироваться и продаваться разработчиками приложений, рекламодателями или злоумышленниками. Многие не осознают, что даже «бесплатные» фонарики или погодные приложения могут содержать шпионское ПО, собирающее контакты, звук с микрофона или поведенческие данные — и всё это без каких-либо подозрений.

Одной из самых распространённых и недооценённых угроз является постепенное расширение разрешений (permission creep) — ситуация, при которой приложение сначала запрашивает доступ к базовым функциям (например, к местоположению или фотографиям), а затем со временем получает всё более навязчивые разрешения. Например, обычное приложение для заметок может внезапно запросить доступ к микрофону, календарю или камере. Большинство пользователей нажимают «Разрешить», не понимая последствий. Эти разрешения могут использоваться для прослушивания разговоров, съёмки фотографий или доступа к конфиденциальным файлам в фоновом режиме.

Существует также угроза поддельных приложений — вредоносного программного обеспечения, маскирующегося под легитимные приложения. Особенно часто это встречается в сторонних магазинах приложений или в странах с широким использованием Android. Например, поддельное банковское приложение может выглядеть идентично настоящему, но вместо входа в систему оно крадёт ваши данные. После установки такие приложения могут работать незаметно, перехватывая коды двухфакторной аутентификации, читая сообщения и отправляя личные данные злоумышленникам.

Публичный Wi-Fi — ещё один серьёзный риск. Атаки типа «человек посередине» происходят, когда хакеры создают поддельные точки доступа в общественных местах — часто с названиями вроде «Free_Wifi» или «Starbucks_Guest». Подключившись к такой сети, вы рискуете передать злоумышленнику всё: логины, номера кредитных карт, личные письма и даже VPN-трафик, если он не защищён должным образом. Это особенно опасно для тех, кто пользуется мобильным банкингом, передаёт файлы или совершает покупки в дороге.

Даже Bluetooth может быть взломан. Атаки вроде BlueBorne и BlueSnarfing позволяют злоумышленникам использовать соединение Bluetooth для кражи файлов, контактов или даже полного контроля над устройством — без какого-либо участия пользователя. Оставляя Bluetooth включённым в местах большого скопления людей, таких как аэропорты, конференции или концерты, вы значительно увеличиваете риск.

Ваше устройство также является входной точкой для атак социальной инженерии. Фишинговые сообщения через SMS (смс-фишинг или smishing) или мессенджеры могут выглядеть как сообщения от реальных компаний. Переход по ссылке в поддельном уведомлении о доставке или банковском сообщении может мгновенно установить вредоносное ПО или перенаправить вас на фальшивый сайт, крадущий данные. На мобильных устройствах пользователи чаще спешат и меньше проверяют детали, что делает их более уязвимыми.

Ситуацию усложняет и то, что мобильные операционные системы не являются абсолютно защищёнными. Хотя iOS и Android используют песочницы, шифрование и регулярные обновления, эти механизмы можно обойти через взлом (jailbreak), устаревшее ПО или уязвимости нулевого дня. После компрометации устройство может превратиться в инструмент слежки — записывать каждое нажатие клавиш, раскрывать пароли и передавать данные без вашего ведома.

В итоге мобильные устройства — это настоящие хранилища данных, что делает их ценными целями как для хакеров, так и для компаний, жаждущих информации. Угрозы реальны, постоянны и постоянно развиваются. Но это не значит, что вы беззащитны. В следующих главах вы узнаете о конкретных инструментах и методах защиты — от контроля разрешений приложений и шифрования до безопасных мессенджеров, мобильных VPN и систем обнаружения угроз в реальном времени.

Запомните главное: если вы не оставите свой кошелёк, паспорт или личный дневник без присмотра в общественном месте, не делайте этого и в цифровом мире. Ваш смартфон — это всё это и даже больше.

История Карлоса о мобильной киберпреступности

Карлос только что приземлился в Нью-Йорке после деловой поездки в Мехико. Проходя через аэропорт JFK, он открыл телефон, чтобы проверить почту, вызвать Uber и сообщить жене о прилёте. Это был обычный понедельник — пока всё не изменилось.

Уже в машине он заметил странность: банковское приложение вышло из системы. Он попытался войти снова — неверный пароль. Ещё раз — снова ошибка. Затем оказалось, что пароль его электронной почты изменён. Через несколько минут начали приходить уведомления:

списание $1500, вход в Apple ID с другого устройства, доступ к Dropbox. Его цифровая жизнь рушилась на глазах.

Причина крылась в событии трёхдневной давности. В кафе в Мехико Карлос подключился к бесплатному Wi-Fi. Он загружал документы, заходил в инвестиционные аккаунты, отправлял письма. Но сеть оказалась поддельной — её создал хакер, перехватывавший данные.

Позже на телефон Карлоса было отправлено фальшивое обновление системы. Он нажал «Принять», и вредоносное ПО установилось незаметно. Оно содержало кейлоггер и инструмент удалённого доступа. Хакер получил полный контроль: видел пароли, сообщения и даже изображение с камеры.

Когда Карлос снова подключился к Wi-Fi в аэропорту JFK, вредоносная программа активировалась и передала все данные злоумышленнику.

Позже Карлос пытался исправить ситуацию: менял пароли, звонил в банк, блокировал карты, сбрасывал телефон. Но ущерб уже был нанесён. Его данные оказались в даркнете.

После консультации с экспертом по кибербезопасности он понял свои ошибки: использование публичного Wi-Fi без VPN, невнимательное отношение к разрешениям приложений, включённый Bluetooth и доверие к поддельным обновлениям.

Карлос начал серьёзно относиться к безопасности: использовать защищённые мессенджеры, VPN, проверять приложения и обучать свою семью.

История Карлоса — это не исключение, а предупреждение. Миллионы людей ежедневно попадают в подобные ловушки. Они нажимают, не читая. Подключаются, не думая. Устанавливают, не проверяя. И когда замечают проблему — уже слишком поздно.

Именно поэтому существует эта книга — чтобы помочь людям понять, насколько уязвимы они в мире мобильных технологий, и как вернуть контроль с помощью знаний, привычек и правильных инструментов.

Глава 2: Понимание разрешений приложений и того, как они могут вас эксплуатировать

Каждый раз, когда вы устанавливаете новое приложение, вас просят предоставить разрешения. Иногда они очевидны: навигационному приложению нужен доступ к геолокации, а камере — к самой камере. Но что происходит, когда приложение-фонарик запрашивает доступ к микрофону? Или когда фоторедактор хочет получить доступ к вашим контактам? Правда в том, что разрешения приложений — один из самых недооценённых и одновременно наиболее эксплуатируемых аспектов безопасности мобильных устройств.

Разрешения — это мосты между приложением и внутренними функциями вашего телефона. Они включают доступ к местоположению, микрофону, камере, календарю, сообщениям, фотографиям, истории звонков, биометрическим данным, хранилищу и даже активности на экране. Каждое разрешение при неправильном использовании может стать входной точкой для слежки или кражи данных. Проблема в том, что большинство людей просто нажимают «Разрешить», не задумываясь —

или, что ещё хуже, выбирают «Разрешить всегда», хотя достаточно варианта «Только при использовании приложения».

Разберём, как эти разрешения обычно используются во вред. На первый взгляд безобидное приложение может запросить доступ к геолокации, а затем тихо продавать данные о ваших перемещениях рекламодателям или брокерам данных. Другое может отслеживать содержимое буфера обмена — а значит, если вы копировали пароли или номера кредитных карт, они становятся доступными. Некоторые приложения запрашивают доступ к SMS якобы для подтверждения, но затем используют его для перехвата кодов двухфакторной аутентификации или рассылки спама вашим контактам.

Особую опасность представляет доступ к микрофону и камере. Приложение с такими разрешениями теоретически может записывать вас или делать фотографии без вашего ведома. Хотя операционные системы требуют явного запроса этих разрешений, вредоносные приложения иногда находят способы обойти ограничения — особенно на устаревших или взломанных устройствах. Даже легальные приложения были замечены в скрытой записи пользовательского поведения под видом «аналитики».

Разрешения могут также изменяться со временем. Вы устанавливаете приложение и даёте ему ограниченный доступ, но в будущем обновлении оно может запросить дополнительные разрешения. Если у вас включены автоматические обновления, вы можете даже не заметить, что приложение получило больше доступа к вашим данным. Это явление называется «расширение разрешений» (permission creep), и оно встречается очень часто.

Как вернуть контроль? Начните с ручной проверки разрешений каждого приложения. На Android перейдите в «Настройки > Конфиденциальность > Диспетчер разрешений». На iOS — «Настройки > Конфиденциальность и безопасность», затем выберите категории (например, микрофон или камера), чтобы увидеть, какие приложения имеют доступ. Отключите всё, что не соответствует логике работы приложения.

Вы также можете использовать инструменты мониторинга разрешений. Например, Bouncer (для Android) позволяет выдавать временные разрешения, которые автоматически отключаются. Приложения вроде Jumbo или DuckDuckGo

App Tracking Protection блокируют сторонние трекеры и показывают, как используются ваши данные.

Важно и то, как вы устанавливаете приложения. Используйте только официальные магазины — Google Play или Apple App Store — и избегайте сторонних APK-файлов, если вы не уверены в источнике. Перед установкой проверяйте разработчика, отзывы, количество загрузок и историю обновлений. Подозрительные приложения с малым числом отзывов часто являются троянскими программами.

Даже среди легальных приложений выбирайте альтернативы с меньшим количеством разрешений. Например, калькулятору не нужен доступ к интернету. Мессенджеры вроде Signal используют сквозное шифрование и не требуют доступ к контактам без необходимости. Популярность приложения не означает уважение к вашей конфиденциальности.

Используйте функции операционной системы для ограничения фоновой активности. И iOS, и Android позволяют отключить фоновое обновление и ограничить доступ к геолокации. Это помогает предотвратить постоянное отслеживание.

В конечном итоге лучшая защита — это осознанность и цифровая гигиена. Сделайте привычкой ежемесячно проверять телефон: удаляйте ненужные приложения, проверяйте разрешения и обновляйте систему. Чем больше контроля у вас, тем меньше его у третьих лиц.

Понимание разрешений приложений — это не просто настройка параметров. Это защита ваших данных, вашей личности и вашего спокойствия. Удобство мобильных технологий не должно превращаться в скрытую слежку.

Как Ава узнала цену конфиденциальности

Ава любила фотографию. Будучи начинающим контент-креатором, она проводила часы, снимая пейзажи на свой iPhone и редактируя их в модных приложениях. Во время поездки в Аризону она нашла новое приложение ProFilter+ с «профессиональными фильтрами бесплатно». Не задумываясь, она установила его и разрешила всё.

Через несколько дней она заметила странности: телефон быстро разряжался, нагревался, появлялись странные запросы. Проверив настройки, она обнаружила, что приложение имело доступ к микрофону, камере, геолокации и контактам — и использовало их десятки раз в день.

Её друг получил странное сообщение от её имени — это было связано с доступом к контактам. Ава удалила приложение и обратилась к знакомому специалисту по кибербезопасности. Тот объяснил, что приложение передавало данные на удалённый сервер и могло даже записывать звук.

Вместе они очистили её телефон, отключили лишние разрешения, установили VPN и удалили другие подозрительные приложения. Ава осознала, что раньше никогда не задавалась вопросом, зачем приложениям доступ к её данным.

С тех пор она стала проверять разрешения, изучать приложения перед установкой и выбирать более безопасные альтернативы. Телефон стал работать быстрее, а она — чувствовать себя безопаснее.

История Авы — это урок для всех: удобство может стоить вашей конфиденциальности. И только осознанность помогает этого избежать.

Глава 3: Риски публичного Wi-Fi, Bluetooth и отслеживания местоположения

В мире постоянной связи мобильное удобство имеет свою цену. Публичные сети Wi-Fi, Bluetooth-сигналы и службы отслеживания местоположения созданы для упрощения жизни — но одновременно они создают серьёзные уязвимости, которые могут быть использованы без вашего ведома. Задача заключается в том, чтобы понять, как работают эти технологии и как ими могут манипулировать злоумышленники, рекламодатели и даже приложения, которым вы доверяете.

Начнём с публичного Wi-Fi — одной из самых распространённых и опасных угроз мобильной безопасности. Кафе, аэропорты, отели и торговые центры предлагают бесплатный интернет как удобство, но «бесплатно» часто означает скрытые риски. Такие сети нередко не защищены шифрованием, что позволяет перехватывать передаваемые данные: электронные письма, пароли, номера кредитных карт. Хакеры также могут создавать поддельные точки доступа с названиями вроде «Free_WiFi» или «Starbucks_Guest», чтобы обмануть пользователей. Подключившись к такой сети, вы становитесь жертвой атаки «человек посередине», при которой злоумышленник может перехватывать данные, внедрять вредоносное ПО или подменять сайты.

Даже зашифрованный HTTPS-трафик не всегда полностью защищён, если злоумышленнику удаётся обманом установить поддельный сертификат или использовать уязвимость браузера. Использование мобильного банкинга, синхронизации файлов или входа в облачные сервисы через публичный Wi-Fi без дополнительной защиты может привести к серьёзной утечке данных.

Второй важный фактор риска — Bluetooth. Многие пользователи оставляют его включённым постоянно для удобства: подключения наушников, автомобилей или умных часов. Однако Bluetooth постоянно передаёт сигнал, который может быть обнаружен другими устройствами в радиусе примерно 3–10 метров. Уязвимости, такие как BlueBorne, показали, что злоумышленники могут получить контроль над устройством, просто находясь рядом, без подтверждения пользователя. Другие атаки, например BlueSnarfing, позволяют извлекать данные или получать несанкционированный доступ к файлам.

Отключение Bluetooth, когда он не используется, — простая, но эффективная мера защиты. Особенно важно это в общественных местах: аэропортах, конференциях, транспорте. Кроме того, это помогает экономить заряд батареи.

Третий критический аспект — отслеживание местоположения. Современные смартфоны используют GPS, Wi-Fi и сигналы сотовых вышек для определения вашего точного местоположения. Это полезно для карт, погоды и сервисов поездок, но также создаёт серьёзные риски для конфиденциальности.

Приложения, собирающие данные о местоположении, часто передают или продают их рекламодателям и брокерам данных. Некоторые отслеживают вас постоянно, даже когда не используются, формируя подробный профиль вашей жизни: где вы работаете, отдыхаете, спите и путешествуете. Эти данные могут быть взломаны, проданы или использованы для таргетированной рекламы.

Чтобы взять контроль в свои руки, начните с проверки разрешений на геолокацию. Разрешайте доступ только «при использовании приложения». Отключайте точное местоположение, если оно не требуется. Ограничьте фоновую активность приложений. На iOS можно отключить «Значимые места», а на Android — «Историю местоположений Google».

Дополнительно используйте VPN — он шифрует соединение, особенно в публичных сетях Wi-Fi. VPN скрывает ваш IP-адрес и создаёт защищённый канал передачи данных. Лучше выбирать платные сервисы с политикой отсутствия логов, так как бесплатные часто продают данные пользователей.

Также отключите автоматическое подключение к открытым сетям Wi-Fi. Эта функция может заставить ваш телефон подключаться к опасным точкам доступа без вашего ведома.

В итоге способность вашего телефона подключаться к сетям, устройствам и спутникам — это палка о двух концах. Она даёт удобство, но одновременно увеличивает риски. Осознанное использование Wi-Fi, Bluetooth и геолокации значительно снижает вероятность взлома и утечки данных.

Цель не в том, чтобы бояться этих технологий, а в том, чтобы использовать их разумно. В следующей главе вы узнаете, как настроить смартфон для максимальной безопасности.

История Джордана о банковском приложении

Джордан был цифровым кочевником — дизайнером-фрилансером, работающим из кафе на Бали, коворкингов в Лиссабоне и аэропортов по всему миру. Его телефон был его жизнью: контракты, банковские приложения, пароли, рабочие звонки. Но он пренебрегал безопасностью ради удобства.

Однажды в Таиланде он подключился к бесплатному Wi-Fi в кафе, загрузил файлы и проверил банковский счёт. Всё казалось нормальным. Но ночью пришло уведомление о списании $3,900. Затем ещё одно. И ещё.

Он не мог войти в аккаунт — коды подтверждения не приходили. Позже выяснилось, что злоумышленник использовал поддельную Wi-Fi сеть с похожим названием и провёл атаку «человек посередине», перехватив данные Джордана.

Кроме того, у него был включён Bluetooth, что позволило злоумышленнику извлечь данные и установить вредоносный скрипт. А активное отслеживание местоположения фиксировало его передвижения неделями.

С помощью эксперта Джордан исправил ситуацию: отключил лишние разрешения, Bluetooth, авто-подключение к Wi-Fi, установил VPN и ограничил доступ к геолокации.

С тех пор он стал осторожнее и даже создал руководство по цифровой безопасности для фрилансеров.

История Джордана показывает: удобство без осторожности — это как оставить дверь открытой в большом городе. Безопасность — это не ограничения, а осознанный контроль над тем, что вы разрешаете и когда.

Глава 4: Защита вашего смартфона — настройки, инструменты и лучшие практики

Защита вашего смартфона начинается с изменения мышления: ваш телефон — это не просто устройство, это ваша личность, кошелёк и приватная жизнь, объединённые в одном объекте, который вы носите с собой повсюду. Каждое нажатие, загрузка или свайп открывает новые возможности — либо для продуктивности, либо для эксплуатации. К счастью, современные смартфоны уже оснащены мощными встроенными средствами защиты — нужно лишь правильно ими пользоваться. Эта глава представляет пошаговое руководство по защите вашего телефона с помощью настроек, бесплатных инструментов и проверенных привычек.

Начнём с экрана блокировки — вашей первой линии защиты. Используйте надёжный шестизначный PIN-код или буквенно-цифровой пароль вместо простого четырёхзначного. Биометрическая аутентификация (Face ID или отпечаток пальца) удобна, но всегда должна сопровождаться надёжным резервным кодом. Избегайте графических ключей или распознавания лица только через фронтальную камеру — их можно обойти. Также отключите предварительный просмотр уведомлений для чувствительных приложений, чтобы посторонние не могли видеть сообщения без разблокировки устройства.

Далее убедитесь, что включены автоматические обновления безопасности. Android и iOS регулярно выпускают критические патчи. Включите автоматическую установку обновлений, чтобы система и приложения всегда были актуальными. Необновлённый телефон — самая уязвимая цель, особенно с учётом появления уязвимостей нулевого дня.

Одна из самых игнорируемых настроек — проверка разрешений приложений. Раз в месяц просматривайте, какие приложения имеют доступ к камере, микрофону, контактам, календарю и геолокации. Задайте себе вопрос: действительно ли приложению нужен этот доступ? Если нет — отключите его или установите режим «Только при использовании приложения».

Для защиты данных включите шифрование устройства. На большинстве iPhone оно включено по умолчанию. На Android проверьте настройки безопасности и активируйте полное шифрование, если доступно. Это гарантирует, что при краже устройства данные останутся недоступными без вашего пароля.

Регулярное резервное копирование — ещё одна важная привычка. Используйте зашифрованные облачные или локальные резервные копии. Избегайте сторонних сервисов с избыточными разрешениями. Резервная копия — это ваш способ восстановить данные в случае потери или взлома.

Перейдём к безопасным сообщениям. Не используйте обычные SMS для конфиденциальной информации. Предпочитайте приложения со сквозным шифрованием, такие как Signal или WhatsApp. Signal считается наиболее приватным вариантом, так как не хранит метаданные. Включите автоудаление сообщений и блокировку по биометрии.

Установите надёжный VPN, особенно если часто пользуетесь публичным Wi-Fi. VPN шифрует интернет-трафик и скрывает вашу активность. Выбирайте проверенные платные сервисы — бесплатные часто продают данные пользователей.

Пользователям Android стоит рассмотреть установку фаерволов, таких как NetGuard, которые позволяют контролировать сетевую активность приложений. Для iOS существуют аналоги вроде Lockdown Privacy.

Отключите отслеживание рекламы и передачу аналитики. На iOS отключите запросы на отслеживание приложениями. На Android — персонализацию рекламы. Также периодически сбрасывайте рекламный идентификатор.

Для дополнительной защиты отключайте функции AirDrop, NFC, Nearby Share, Bluetooth и Wi-Fi, когда они не используются. Это снижает риск несанкционированного доступа и экономит батарею.

Обязательно включите функцию поиска устройства: «Find My iPhone» или «Find My Device». Она позволяет удалённо найти, заблокировать или стереть телефон при потере или краже.

Все эти настройки можно выполнить за 30 минут, но они защитят вас от многолетних рисков, стрессов и финансовых потерь. Ваш телефон станет быстрее, безопаснее и будет давать вам уверенность.

В следующей главе вы узнаете, как защитить свои коммуникации и файлы.

История Райли

Райли всегда считала, что её iPhone безопасен. Но после семинара по кибербезопасности она поняла, сколько настроек она игнорировала. Эксперт показал, как легко можно получить доступ к телефону через слабую защиту.

Вернувшись домой, она изменила пароль на сложный буквенно-цифровой, проверила разрешения приложений и обнаружила, что ненужные приложения имеют доступ к камере и микрофону. Она отключила их.

Затем она установила Signal для безопасной переписки, очистила сохранённые Wi-Fi сети, отключила авто-подключение и включила VPN. Bluetooth и фоновая активность были отключены, а отслеживание местоположения ограничено.

Она включила резервное копирование и функцию поиска устройства, а также установила фаервол для контроля трафика.

На следующий день её телефон работал быстрее и казался более защищённым. Позже она помогла подруге решить похожую проблему, передав полученные знания.

Райли поняла главное: защита телефона — это не только технологии, но и привычка. Она решила ежемесячно проверять своё устройство, как проверяет финансы и здоровье.

Глава 5: Защита личных файлов, фотографий и облачных данных

Ваш смартфон — это не просто средство связи, а личное хранилище данных. Он содержит тысячи фотографий, личные документы, отсканированные удостоверения личности, контракты, финансовые записи и даже конфиденциальные заметки. Хотя смартфоны невероятно удобны для управления жизнью, эта же удобность делает их ценными целями для кражи, взлома и слежки. Если ваши файлы, фотографии или облачные аккаунты будут скомпрометированы, последствия могут быть серьёзными — от кражи личности и вымогательства до финансовых потерь и стресса.

Первый шаг к защите ваших данных — понять, как они хранятся и передаются. Большинство пользователей активно используют облачные сервисы, такие как iCloud, Google Drive, OneDrive или Dropbox. Эти сервисы удобны, но не застрахованы от атак и утечек данных. Взлом облачного аккаунта может открыть доступ ко всей вашей цифровой жизни, особенно если вы используете одинаковые пароли и не включили двухфакторную аутентификацию.

Начните с защиты облачных аккаунтов: используйте сложные уникальные пароли и включите двухфакторную аутентификацию (2FA). По возможности избегайте SMS-подтверждения, так как оно уязвимо к подмене SIM-карты. Лучше использовать приложения-аутентификаторы или аппаратные ключи безопасности.

Проверьте настройки общего доступа к файлам. Часто пользователи забывают, что ранее открытые документы всё ещё доступны по ссылке. Удалите доступ к тем файлам, которые больше не нужно делиться, и избегайте режима «доступ по ссылке для всех».

Шифруйте важные файлы перед загрузкой в облако. Используйте инструменты вроде Cryptomator или VeraCrypt. Даже если аккаунт будет взломан, зашифрованные файлы останутся недоступными без ключа.

На телефоне используйте защищённые хранилища файлов для личных фото, PDF и заметок. Такие приложения создают зашифрованные контейнеры с паролем и биометрической защитой.

Для защиты фотографий отключите автоматическую синхронизацию чувствительных альбомов, если вы не уверены в безопасности облака. Рассмотрите возможность хранения важных изображений в отдельном защищённом хранилище.

Будьте осторожны со сканирующими приложениями. Многие из них автоматически загружают документы в облако. Выбирайте те, которые позволяют локальное хранение и шифрование.

Регулярно создавайте резервные копии офлайн — на зашифрованный внешний носитель. Облачные сервисы удобны, но не гарантируют полную безопасность. Локальная копия — это ваша последняя линия защиты.

Также контролируйте доступ приложений к файлам. Некоторые приложения, например фоторедакторы или соцсети, запрашивают полный доступ к галерее. Разрешайте это только при необходимости.

Для дополнительной защиты можно использовать мобильные системы безопасности, которые отслеживают утечки данных и позволяют удалённо стереть информацию при потере устройства.

Главный принцип: если данные ценны для вас, они ценны и для злоумышленников. Относитесь к своим файлам как к паспорту или кошельку — шифруйте, защищайте и контролируйте доступ.

В следующей главе вы узнаете, как защитить коммуникации и звонки.

История Наташи

Наташа — успешный юрист-фрилансер — хранила все документы в Google Drive, синхронизировала iPhone с iCloud и использовала Dropbox для резервных копий. Но однажды она получила уведомление о входе в аккаунт из России — и это оказалось реальным взломом.

Несмотря на смену пароля, злоумышленники уже скачали конфиденциальные документы и потребовали выкуп. Причина — повторное использование паролей и отсутствие 2FA.

После обращения к специалисту она усилила защиту: включила двухфакторную аутентификацию, зашифровала файлы, изменила подход к хранению документов и отключила автоматическую синхронизацию.

Она также очистила галерею, отключила резервное копирование чувствительных данных и создала зашифрованные офлайн-копии.

В итоге Наташа стала гораздо более защищённой и даже начала обучать других предпринимателей цифровой безопасности.

Её вывод: «Не ждите взлома, чтобы начать защищаться. Если это важно хранить — это важно защищать».

Глава 6: Безопасные сообщения, звонки и видеочаты на мобильных устройствах

Обмен сообщениями, голосовые звонки и видеочаты — это самые частые способы общения через смартфон. Однако многие пользователи не осознают, что эти разговоры не всегда являются приватными. От небезопасных стандартных приложений до незашифрованных видеоплатформ и операторов связи, собирающих данные — ваши мобильные коммуникации гораздо более уязвимы, чем кажется. В эпоху цифрового наблюдения защита общения — это не роскошь, а необходимость.

Начнём с SMS. Это один из наименее защищённых способов связи. Сообщения передаются в открытом виде и могут быть перехвачены операторами связи, государственными структурами или злоумышленниками. В некоторых странах такие сообщения могут храниться месяцами или даже годами. Если вам важна конфиденциальность, используйте SMS только для несекретной информации.

Лучше перейти на мессенджеры со сквозным шифрованием, где только отправитель и получатель могут прочитать сообщения. Среди популярных вариантов:

- Signal — один из самых безопасных мессенджеров: открытый исходный код, отсутствие рекламы и метаданных, поддержка исчезающих сообщений и зашифрованных звонков.
- WhatsApp — использует сквозное шифрование, но собирает метаданные (кто и когда общается).
- Telegram — шифрование доступно только в «секретных чатах».
- Threema и Wire — менее популярные, но ориентированные на конфиденциальность решения.

Теперь о звонках и видеосвязи. Обычные телефонные звонки через оператора не имеют сквозного шифрования и могут быть перехвачены. Для приватных разговоров используйте приложения с шифрованием, такие как Signal, WhatsApp или FaceTime.

Обратите внимание на доступ к микрофону и камере. Некоторые приложения могут использовать их в фоновом режиме. Проверяйте настройки и отключайте доступ для ненужных приложений. iOS и Android уведомляют пользователя, когда микрофон или камера активны.

При использовании видеосервисов, таких как Zoom, Google Meet или Microsoft Teams, учитывайте, что не все из них обеспечивают полное шифрование. Для конфиденциальных разговоров лучше использовать более защищённые решения.

Для дополнительной защиты можно использовать временные номера через приложения вроде Burner или Hushed — это позволяет общаться, не раскрывая основной номер.

Будьте осторожны с социальной инженерией. Злоумышленники могут выдавать себя за знакомых и просить деньги или данные. Всегда проверяйте личность отправителя перед тем, как предпринимать действия.

Усильте защиту: включите двухфакторную аутентификацию, используйте PIN-коды для приложений и активируйте исчезающие сообщения.

Также проверьте резервные копии сообщений. Например, в WhatsApp они могут храниться в Google Drive или iCloud без шифрования. Отключите такие копии или включите защищённое резервное копирование.

В итоге безопасное общение — это сочетание правильных приложений, контроля разрешений и осознанного поведения. Каждое сообщение может остаться приватным — или стать доступным другим. Выбор за вами.

История Лены

Лена работала журналистом-расследователем и общалась с источниками через SMS и обычные звонки. Однажды ей сообщили, что за ней могут следить. Вскоре она заметила странное поведение телефона — активность камеры и перегрев.

Специалист по безопасности обнаружил, что её коммуникации не были зашифрованы, а микрофон использовался сторонним приложением.

Она установила Signal, включила двухфакторную аутентификацию, ограничила доступ к микрофону и отключила небезопасные резервные копии.

Для конфиденциальных контактов она начала использовать временные номера и защищённые звонки.

Позже она успешно завершила расследование, сохранив безопасность источников.

Её главный вывод: в цифровом мире важно защищать не только данные, но и разговоры.

Глава 7: Ловушки мобильных приложений, вредоносное ПО и угрозы шпионских программ

Не все мобильные приложения являются тем, чем кажутся. Некоторые маскируются под полезные инструменты, игры или развлекательные платформы, но на самом деле собирают ваши данные, устанавливают трекеры или даже работают как шпионское ПО. Современный смартфон стал настоящей золотой жилой как для разработчиков, так и для злоумышленников, и пользователи, которые не распознают такие ловушки, подвергают себя риску слежки, кражи личности и другим угрозам.

Начнём с вредоносных приложений. Это программы, которые выглядят легитимно, но предназначены для кражи данных, установки вирусов или захвата функций устройства. Чаще всего они встречаются в сторонних магазинах приложений или на подозрительных сайтах, предлагающих APK-файлы. Однако некоторые из них попадают даже в официальные магазины, маскируясь под фонарики, обои, QR-сканеры или утилиты. После установки они запрашивают чрезмерные разрешения и начинают передавать данные на удалённые серверы или отслеживать вашу активность.

Одной из самых опасных угроз является шпионское ПО (spyware), также известное как stalkerware. Такие приложения могут незаметно отслеживать ваше местоположение, сообщения, звонки, фотографии и даже активность микрофона и камеры. Часто они устанавливаются людьми, имеющими временный доступ к устройству, и работают скрытно, не отображаясь на экране.

Шпионские приложения могут маскироваться под системные службы или обновления, используя названия вроде «Device Helper» или «System Services». Некоторые продаются как инструменты родительского контроля или мониторинга сотрудников, но часто используются для злоупотреблений. После установки они постоянно передают данные и могут удалённо активировать микрофон или экран.

Чтобы защититься, регулярно проверяйте установленные приложения. Если вы обнаружили незнакомые или подозрительные программы — удалите их. На Android перейдите в «Настройки > Приложения», на iOS — «Настройки > Основные > Хранилище iPhone». Также проверьте права администратора устройства — некоторые вредоносные приложения получают расширенные привилегии.

Установите антивирусные или защитные приложения от надёжных разработчиков. Они могут обнаруживать скрытое шпионское ПО, вредоносный код и подозрительную активность.

Загружайте приложения только из официальных источников и избегайте сторонних ссылок, всплывающих окон и сообщений. Перед установкой проверяйте разработчика, отзывы и разрешения.

Будьте особенно осторожны с бесплатными приложениями, которые запрашивают доступ к контактам, файлам или звонкам. Часто они зарабатывают, продавая ваши данные. Если фонарик требует доступ к микрофону — это тревожный сигнал.

Отключите установку приложений из неизвестных источников. Это снизит риск заражения устройства.

Следите за поведением телефона. Быстрое разряжение батареи, перегрев, неожиданные всплывающие окна или рост интернет-трафика могут указывать на вредоносную активность.

Если вы подозреваете взлом, создайте резервную копию данных и выполните полный сброс устройства. Затем устанавливайте приложения заново только из проверенных источников.

Также важно обучать близких — детей, партнёров, пожилых людей — чтобы они не устанавливали опасные приложения.

Главный вывод: каждое приложение либо защищает вашу конфиденциальность, либо незаметно её разрушает. Важно не избегать технологий, а использовать их осознанно.

История Таши

Таша, школьная учительница, установила бесплатное приложение для планирования уроков. Сначала всё работало нормально, но затем её телефон начал вести себя странно: быстрая разрядка, перегрев, странные уведомления.

Проверка показала, что приложение было шпионским ПО, которое собирало данные, включая контакты, звук с микрофона и буфер обмена. Оно даже имело административные права.

После удаления приложения и сброса устройства она провела аудит всех программ и обнаружила множество приложений с избыточными разрешениями.

Позже она провела лекцию для родителей о цифровой безопасности, объяснив, как легко можно установить вредоносное приложение.

Её вывод: самые опасные угрозы часто выглядят как полезные инструменты — и именно поэтому их так легко пропустить.

Глава 8: Что делать, если ваш телефон потерян, украден или изъят

Потеря телефона — это уже не просто неудобство, а полноценная цифровая чрезвычайная ситуация. Если устройство потеряно, украдено или изъято, ваша личная информация может оказаться доступной за считанные минуты. Контакты, банковские приложения, фотографии, сообщения, социальные сети и сохранённые пароли — всё это может быть скомпрометировано. Однако при правильной подготовке и быстрых действиях можно значительно снизить ущерб или полностью его избежать.

Шаг 1: Подготовьтесь заранее

Лучшее время для защиты — до того, как что-то случится. Включите функции удалённого поиска и стирания устройства:

- На iOS активируйте «Найти iPhone» и отправку последнего местоположения.
- На Android включите «Найти устройство» через настройки Google.

Это позволит вам найти телефон, заблокировать его или удалить данные удалённо.

Также настройте надёжную блокировку экрана: используйте сложный пароль и отключите отображение уведомлений и быстрый доступ к функциям на заблокированном экране.

Шаг 2: Шифрование и автоочистка

Включите шифрование устройства — на iPhone оно активируется автоматически, на Android проверьте настройки безопасности.

Также можно включить автоматическое удаление данных после нескольких неправильных попыток ввода пароля.

Шаг 3: Действуйте немедленно при потере или краже

Если телефон пропал:

- Используйте «Найти устройство», чтобы определить его местоположение или включить звуковой сигнал.
- Активируйте режим пропажи и заблокируйте телефон.
- Если вернуть устройство невозможно — удалите все данные удалённо.
- Срочно смените пароли (особенно почта и банковские аккаунты).

- Свяжитесь с оператором, чтобы отключить SIM-карту.
- Сообщите в полицию и укажите IMEI устройства.

Шаг 4: Защита при изъятии устройства

В некоторых ситуациях (например, при пересечении границы) телефон может быть изъят:

- Используйте сложный пароль вместо биометрии (отпечаток или лицо).
- Применяйте защищённые мессенджеры с шифрованием.
- Временно отключайте облачную синхронизацию.
- Рассмотрите использование второго «чистого» телефона для поездок.

Шаг 5: Действия после возврата устройства

Если телефон найден:

- Проверьте настройки и доступы.
- Смените пароли.
- При подозрении на вмешательство выполните сброс устройства.

Дополнительно:

Сохраните важную информацию заранее: IMEI (*#06#),

модель устройства, серийный номер и резервные копии данных.

В итоге ваш телефон может быть либо вашим помощником, либо серьёзной уязвимостью. Чем больше защитных мер вы настроите заранее, тем меньше рисков в будущем.

История Раджа

Радж потерял телефон после поездки на поезде и сразу понял, что может потерять всё: доступ к банку, почте и личным данным. Но благодаря подготовке он смог быстро воспользоваться функцией поиска устройства, заблокировать его и затем удалить все данные.

Он сменил пароли, отключил SIM-карту и сообщил в полицию. Позже он узнал о рисках изъятия устройств и усилил защиту: установил сложный пароль, отключил биометрию, настроил защищённые мессенджеры и резервные копии.

Этот опыт изменил его подход к безопасности. Он начал относиться к телефону как к дому или офису — месту, где хранится всё важное.

Его вывод: «Вы запираете дверь и бережёте кошелёк. Почему не защищать устройство, в котором хранится вся ваша жизнь?»

Глава 9: Мобильная безопасность для семей и детей

В современном мире мобильные устройства стали неотъемлемой частью семейной жизни. Дети используют смартфоны и планшеты для учёбы, развлечений и общения — часто с раннего возраста. Хотя технологии дают множество преимуществ, они также открывают доступ к реальным угрозам: онлайн-хищникам, нежелательному контенту, кибербуллингу, зависимости, отслеживанию данных и нарушению конфиденциальности. Защита цифровой среды ребёнка — одна из самых важных обязанностей родителей.

Начните с понимания угроз. Дети — не просто пользователи, они часто становятся целями. Приложения, реклама, социальные сети и даже другие дети могут использовать их доверчивость. Ребёнок может не осознавать риски при передаче личной информации, скачивании игр или общении с незнакомцами.

Самый важный шаг — открытое общение. Объясните ребёнку, что смартфон — это привилегия с ответственностью. Говорите о цифровой безопасности не как о контроле, а как о защите и поддержке. Это формирует доверие и помогает ребёнку обращаться к вам при проблемах.

Далее внедрите родительский контроль:

- На iOS используйте «Экранное время» для ограничения приложений и контента.
- На Android установите Google Family Link для контроля времени, загрузок и активности.

Включите безопасный поиск и используйте детские версии сервисов, такие как YouTube Kids.

Рассмотрите приложения для родительского контроля (например, Qustodio или Norton Family), которые помогают фильтровать контент и отслеживать активность без полного вмешательства в личную переписку.

Научите детей основам конфиденциальности: не делиться личной информацией, понимать, что такое отслеживание данных, и осознавать риски онлайн-игр и приложений.

Ограничьте доступ к геолокации. Отключите GPS для большинства приложений, а также Bluetooth и функции обмена файлами, когда они не используются.

Обсуждайте кибербуллинг. Ребёнок должен знать, как блокировать пользователей и сообщать о проблемах. Социальные сети, такие как Instagram, Snapchat и TikTok, часто становятся источником давления и нежелательных контактов.

Установите правила использования устройства:

- ограничение экранного времени
- отсутствие телефонов перед сном
- контроль загрузки новых приложений

Это помогает избежать зависимости и проблем со здоровьем.

Используйте отчёты активности, чтобы ребёнок сам понимал свои привычки и учился самоконтролю.

Дополнительно обеспечьте физическую защиту устройства:

- надёжный пароль или биометрия
- запрет покупок без разрешения
- регулярные обновления системы

Храните важные данные на устройствах родителей.

Самое главное — подавайте пример. Дети копируют поведение родителей. Если вы заботитесь о своей цифровой безопасности, они будут делать то же самое.

В итоге цель — не изолировать ребёнка от технологий, а научить его безопасно ими пользоваться. Со временем можно давать больше свободы, основываясь на доверии и знаниях.

История Моники

Моника купила своему 10-летнему сыну смартфон. Сначала всё было нормально, но позже она заметила изменения: он стал больше времени проводить в телефоне и общаться с незнакомцами.

Проверив устройство, она обнаружила приложение с доступом к микрофону, камере и геолокации. Это стало тревожным сигналом.

С помощью специалиста она установила Google Family Link, ограничила доступ к приложениям и настроила безопасность. Также она поговорила с сыном о конфиденциальности и рисках.

Они договорились о правилах: контроль времени, запрет на установку приложений без разрешения и использование безопасных сервисов.

Со временем ребёнок стал более осознанно пользоваться телефоном и даже помогать другим.

Главный вывод: безопасность начинается с общения, доверия и правильных привычек.

Глава 10: Будущее мобильной безопасности — тенденции, угрозы и как оставаться на шаг впереди

Мобильная безопасность больше не является опцией — это постоянно развивающаяся необходимость. По мере того как смартфоны становятся всё более мощными и глубоко интегрируются в нашу жизнь, угрозы становятся сложнее, незаметнее и опаснее. Понимание будущих тенденций — ключ к тому, чтобы опережать злоумышленников и защищать свою цифровую жизнь.

Одно из главных изменений — рост использования искусственного интеллекта. Киберпреступники уже применяют ИИ для автоматизации фишинга, создания реалистичных поддельных сообщений и анализа поведения пользователей. Появляются дипфейки — поддельные аудио и видео, способные имитировать доверенные источники.

В то же время ИИ используется и для защиты: обнаружения угроз в реальном времени, анализа аномалий и предотвращения утечек данных. Биометрия, поведенческий анализ и интеллектуальные системы безопасности станут стандартом.

Ещё одна тенденция — атаки «без клика» (zero-click). Для заражения устройства не требуется действий пользователя: достаточно звонка или сообщения. Такие атаки используют уязвимости нулевого дня и особенно опасны для профессионалов и публичных лиц.

Для защиты важно регулярно обновлять устройство, отключать ненужные сервисы и использовать защищённые приложения.

Также растёт использование шпионского ПО и инструментов государственного наблюдения. Даже защищённые устройства могут быть взломаны при наличии достаточных ресурсов у злоумышленника.

Ответом становятся аппаратные средства защиты, такие как физические ключи безопасности, защищённые процессоры и альтернативные операционные системы с упором на конфиденциальность.

Биометрия также развивается: кроме отпечатков и распознавания лица, появляются поведенческие методы (как вы печатаете, ходите, держите телефон). Это повышает безопасность, но создаёт вопросы конфиденциальности.

Мобильные устройства становятся цифровыми удостоверениями личности: документы, билеты, банковские данные и криптокошельки — всё хранится в одном месте. Потеря или взлом устройства становится ещё более критичным.

С развитием 5G увеличивается количество подключённых устройств, что создаёт новые точки входа для атак. Угрозы будут распространяться не только на телефон, но и на всю экосистему вокруг него.

Как подготовиться к будущему:

- Постоянно обучайтесь и следите за новыми угрозами
- Минимизируйте цифровой след
- Используйте многоуровневую защиту
- Храните резервные копии офлайн
- Контролируйте свою цифровую идентичность
- Регулярно проверяйте настройки безопасности

Будущее мобильной безопасности — это не устранение всех рисков, а умение принимать правильные решения и формировать привычки защиты.

История Джулиана и Майи

Джулиан и Майя — семья, активно использующая технологии. После просмотра документального фильма о шпионском ПО они решили проверить свои устройства.

Они обновили все устройства, перешли на защищённые мессенджеры, включили двухфакторную аутентификацию и отключили лишнее отслеживание.

Они также обучили детей цифровой безопасности и установили родительский контроль.

В результате они не только повысили защиту, но и изменили своё отношение к технологиям — от пассивного использования к осознанному контролю.

Их главный вывод: безопасность — это не одноразовая настройка, а образ мышления.

Безопасность — это не цель, а процесс

Вы дошли до конца этой книги, но ваш путь к мобильной безопасности только начинается.

Мы живём в мире, где наши телефоны — это больше, чем просто инструменты. Это цифровые продолжения нас самих. Они знают, куда мы идём, с кем общаемся, что ищем, как тратим деньги и даже о чём думаем, когда никто не смотрит. И поскольку они знают так много, их необходимо защищать с той же срочностью, вниманием и заботой, с которой мы защищаем свои дома, семьи и личность.

На протяжении этой книги мы рассмотрели каждый уровень защиты мобильных устройств — от настроек экрана блокировки до зашифрованных сообщений, от проверки разрешений приложений до выявления шпионского ПО и удалённых угроз. Теперь вы понимаете, что угрозы не всегда выглядят как угрозы. Часто они маскируются под удобство, бесплатные загрузки или стандартные настройки, которые остаются без внимания.

Вы также поняли, что цель безопасности — не создавать страх или паранойю, а давать свободу. Когда вы берёте под контроль своё устройство, свои данные и свои цифровые привычки, вы начинаете чувствовать больше уверенности, ясности и спокойствия.

Вы научились:

- усиливать защиту телефона с помощью правильных настроек по умолчанию
- выбирать безопасные приложения для общения и видеосвязи
- защищать фотографии, файлы и облачные данные от утечек и взломов
- выявлять и удалять вредоносные или манипулятивные приложения
- готовиться к чрезвычайным ситуациям, таким как кража или потеря устройства
- обучать детей и семью безопасному использованию технологий
- опережать будущие угрозы с помощью привычек, инструментов и осознанности

Самое главное — вы поняли, что безопасность — это не цель, а процесс. Вам нужно регулярно пересматривать настройки, переоценивать инструменты и обновлять свои знания по мере развития технологий. То, что безопасно сегодня, может быть уязвимо завтра. Но с правильным мышлением вы сможете адаптироваться и сохранять контроль.

Серия Cyber Shield Academy создана, чтобы помочь вам в этом — развивать настоящую цифровую грамотность в эпоху отвлечений, манипуляций и скрытого наблюдения.

Спасибо, что выбрали этот путь знаний. Если книга оказалась полезной, поделитесь ею с теми, кто вам дорог: другом, родителем, подростком или коллегой. Цифровая безопасность касается каждого, и распространяя знания, вы защищаете не только себя, но и других.

Будьте внимательны. Сохраняйте конфиденциальность. И помните: сила — в вашем кармане, но там же и риск. Защитите и то, и другое.

www.ingramcontent.com/pod-product-compliance
Lightning Source LLC
LaVergne TN
LVHW022028200926
848481LV00007B/2591